Diseño y construcción para jugar

Nikole Brooks Bethea y Alma Patricia Ramirez

ROURKE'S SCHOOL to HOME CONNECTIONS
ANTES Y DURANTE LAS ACTIVIDADES DE LECTURA

Antes de la lectura: *Desarrollo del conocimiento del contexto y el vocabulario*

Desarrollar el conocimiento del contexto puede ayudar a los niños a procesar la información nueva y usar como base lo que ya saben. Antes de leer un libro, es importante utilizar lo que ya saben los niños acerca del tema. Esto los ayudará a desarrollar su vocabulario e incrementar la comprensión de la lectura.

Preguntas y actividades para desarrollar el conocimiento del contexto:

1. Ve la portada del libro y lee el título. ¿De qué crees que trata este libro?
2. ¿Qué sabes de este tema?
3. Hojea el libro y echa un vistazo a las páginas. Ve el contenido, las fotografías, los pies de fotografía y las palabras en negritas. ¿Estas características del texto te dieron información o predicciones acerca de lo que leerás en este libro?

Vocabulario: El vocabulario es la clave para la comprensión de la lectura

Use las siguientes instrucciones para iniciar una conversación acerca de cada palabra.
- Lee las palabras de vocabulario.
- ¿Qué te viene a la mente cuando ves cada palabra?
- ¿Qué crees que significa cada palabra?

Palabras de vocabulario:
- fricción
- gravedad
- cantidad de movimiento
- polea

Durante la lectura: *Leer para obtener significado y entendimiento*

Para lograr la comprensión profunda de un libro, se anima a los niños a que usen estrategias de lectura detallada. Durante la lectura, es importante hacer que los niños se detengan y establezcan conexiones. Estas conexiones darán como resultado un análisis y entendimiento más profundos de un libro.

 ### Lectura detallada de un texto

Durante la lectura, pida a los niños que se detengan y hablen acerca de lo siguiente:
- Partes que sean confusas
- Palabras que no conozcan
- Conexiones texto a texto, texto a ti mismo, texto al mundo
- La idea principal en cada capítulo o encabezado

Anime a los niños a usar las pistas del contexto para determinar el significado de las palabras que no conozcan. Estas estrategias ayudarán a los niños a aprender a analizar el texto más minuciosamente mientras leen.

Cuando termine de leer este libro, vaya a la última página para ver una **Actividad para después de la lectura.**

Contenido

El problema del movimiento................ 4
El problema de la fricción 12
El problema de la seguridad 16
Glosario de fotografías 22
Actividad de diseño de ingeniería .. 23
Índice 24
Actividad para después
de la lectura 24
Acerca del autor 24

El problema del movimiento

¿Cómo juegas? ¿Cómo andas en bicicleta? ¿Practicas deportes? ¿Vas a los parques de diversiones? Cuando las personas juegan, les gusta estar en movimiento.

¿Cómo diseñan los ingenieros formas que nos ayuden a movernos y a jugar?

¡Ahí van! Los carritos de la montaña rusa corren sin motores. ¿Cómo hacen los ingenieros para hacerlos que funcionen?

¡Hacen que la **gravedad** trabaje a su favor! Ponen la parte más alta de la montaña al comienzo del juego. La gravedad es la fuerza que jala a los carros hacia abajo. Mientras más alta sea la montaña, más fuerza de gravedad jalará los carros.

Cantidad de movimiento es la velocidad que gana algo una vez que está en movimiento.

Los carros van más rápido y ganan velocidad al bajar por las vías. Su cantidad de movimiento los lleva a la siguiente subida.

La cantidad de movimiento hace que los carros usen la velocidad una y otra vez hasta el final del recorrido.

El problema de la fricción

La **fricción** sucede cuando las cosas en movimiento se frotan una contra otra. Hace que las cosas vayan más despacio.

¿Qué hacen los ingenieros para crear menos fricción cuando un gancho se mueve en una tirolesa?

Usan una **polea**. La polea gira al descender por la tirolesa. El giro crea menos fricción.

15

El problema de la seguridad

Jugar puede ser peligroso. Los ciclistas pueden caerse de las bicicletas. Los jugadores de béisbol pueden recibir un golpe con las pelotas. Los jugadores de fútbol americano pueden ser tacleados. ¿Qué hacen los ingenieros para mantenernos seguros?

17

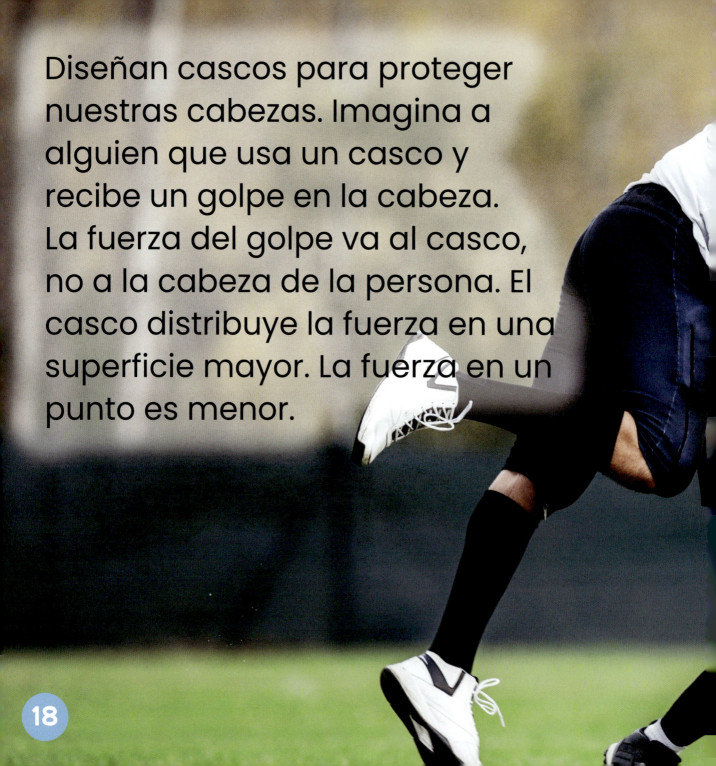

Diseñan cascos para proteger nuestras cabezas. Imagina a alguien que usa un casco y recibe un golpe en la cabeza. La fuerza del golpe va al casco, no a la cabeza de la persona. El casco distribuye la fuerza en una superficie mayor. La fuerza en un punto es menor.

Los ingenieros también ponen rellenos dentro de los cascos. Cuando alguien recibe un golpe, su cabeza presiona el relleno. Esto suaviza la fuerza del golpe.

Cuando los ingenieros diseñan para ayudarnos a jugar, estamos seguros y ¡la pasamos muy bien!

Glosario de fotografías

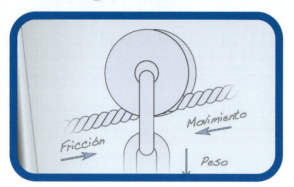

fricción (fric-ción): La fuerza que hace que los objetos vayan más lentos cuando se frotan entre ellos.

gravedad (gra-ve-dad): La fuerza que jala las cosas hacia el centro de la Tierra y evita que se vayan flotando.

cantidad de movimiento (can-ti-dad de mo-vi-mien-to): La fuerza o velocidad que gana algo cuando se está moviendo.

polea (po-le-a): Una máquina simple hecha de una rueda con un borde con surcos sobre los cuales puede correr una cuerda o cadena.

Actividad

Actividad de diseño de ingeniería

¿Qué diseño usarás para una montaña rusa?

Materiales

platos de cartón con un borde u orilla alrededor del canto exterior
canica
tijeras
cinta transparente
tubos de toallas de papel, bloques de madera para construcción u otros soportes para la montaña rusa
puntos adhesivos

Instrucciones

Usa platos de cartón para construir una montaña rusa que lleve una canica desde arriba hasta abajo. Corta el borde de los platos. Une varios de los bordes de los platos con cinta. Crea soportes a diferentes alturas debajo de los platos. Asegura los platos a los soportes con los puntos adhesivos. ¿Tu canica llegará desde arriba hasta abajo?

Índice

ingenieros 5, 6, 12, 16, 20, 21
fuerza 8, 18, 20
casco/s 18, 20
movimiento 4, 10
montaña rusa 6, 8, 23
velocidad/es 10, 11

Acerca del autor

Además de escribir libros de ciencias para niños, Nikole Brooks Bethea es una ingeniera profesional. Sus diseños incluyen tanques de agua altos, sistemas para tratamiento de agua potable y aguas residuales e instalaciones de agua y aguas residuales subterráneas. Ella vive en la franja territorial de Florida con su esposo y sus cuatro hijos.

Actividad para después de la lectura

¿Cómo te gusta jugar? Haz una lista de todas las maneras. Ahora, piensa en los ingenieros que crearon el equipo y los materiales usados en tus actividades. Junto a cada artículo en tu lista, escribe lo que se tuvo que diseñar o construir para que pudieras divertirte.

Library of Congress PCN Data

Diseño y construcción para jugar /
Nikole Brooks Bethea
(Mi biblioteca de ingeniería)
ISBN (hard cover)(alk. paper) 978-1-73164-912-6
ISBN (soft cover) 978-1-73164-860-0
ISBN (e-Book) 978-1-73164-964-5
ISBN (e-Pub) 978-1-73165-016-0
Library of Congress Control Number: 2021935680

Rourke Educational Media
Printed in the United States of America
01-1872111937

© 2022 Rourke Educational Media

All rights reserved. No part of this book may be reproduced or utilized in any form or by any means, electronic or mechanical including photocopying, recording, or by any information storage and retrieval system without permission in writing from the publisher.
www.rourkeeducationalmedia.com

Editado por: Hailey Scragg
Portada y diseño de interiores: Rhea Magaro-Wallace
Traducción: Alma Patricia Ramirez
Photo Credits: Cover logo: frog ©Eric Phol, test tube ©Sergey Lazarev, cover tab art ©siridhata, cover photo ©Andyd; page5: ©Cathy Yeulet; page 7: ©hanusst; pages 9, 22: ©VitalyEdush; pages 10, 11, 22: ©Tommy Alven; page 13: ©Yobro10; pages 14, 22: ©RossHelen; page 15: ©Roberto A Sanchez; page 17: (top left) ©CasarsaGuru, (top right) ©Wavebreakmedia, (bottom left) ©South_agency, (bottom right) ©Mark Tooker; pages 18, 19: ©skynesher, page 20: ©jpbcpa, page 21: ©kate_sept2004